0
100
200
300
ARNOW
EN
Holzhalbinsel
Am Strande
Mönchentor
Am Strande
Strandstraße
Grubenstraße
Gärtnerstraße
Gaffelschonerweg
Am Petridamm
Weinstraße
Kleine Mönchenstraße
Beim Waisenhaus
Katharinenstift
Faule Straße
Wendenstraße
Beim Wendentor
Slüterstraße
Trägerstraße
Große Mönchenstraße
Amberg
Ellernhorst
Pferdestraße
Wollenweberstraße
St. Petri
Krämerstraße
Hartestraße
Sackpfeife
Alter Markt
Kleine Wasserstraße
Seidenstraße
Vogelsang
Diebsstraße
Karl-Planeth-Weg
Neue Warnowstraße
arien
Fischbank
Am Bliesathsberg
Kleine Goldstraße
An der Hege
Große Scharrenstraße
Küterbruch
Neuer Markt
Weißgerberstraße
Molkenstraße
Rathaus
Hinter dem Rathaus
Große Wasserstraße
Große Goldstraße
WARNOW
Glatter Aal
Wollenweberstraße
Brauergasse
Bei der Nikolaikirche
Oberhalb des Gerberbruches
Steinstraße
Am Wendländer Schilde
Lohgerberstraße
Pümperstraße
Grubenstraße
St. Nikolai
Am Schwibbogen
Johannisstraße
Beginenberg
Glockengießerhof
Mühlenstraße
Am Bagehl
Beim Kuhtor
Steintor
Hinter der Mauer
Kuhtor
Fischerbruch
Am Bürgermeistergarten
Bleicherstraße
Mühlendamm
Ernst-Barlach-Straße
Bahnhofsstraße
August-Bebel-Straße
Richard-Wagner-Straße
Augustenstraße
Zum Hauptbahnhof

ROSTOCK
und Warnemünde

deutsch english español

GETREIDE AG
GEHLSDORF
ROSTOCK

Wolf Karge [Text]
Danny Gohlke [Fotos]

Übersetzung ins Englische:
Christiane Tümmler
Übersetzung ins Spanische:
Anja Born

ROSTOCK
und Warnemünde

DEUTSCH ENGLISH ESPAÑOL

HINSTORFF

EINLEITUNG

Wann beginnt die Geschichte Rostocks? – Und warum beginnt sie gerade hier?

1218 gilt als das älteste bekannte Datum der Stadtrechtsverleihung. Roztoc – der slawische Stadtname heißt »Flussverbreiterung« – weist bereits auf die Vorteile der örtlichen Gegebenheiten hin: die Mündung der Warnow in die Ostsee – mit der Möglichkeit zur Passage nach Skandinavien. So verwundert es nicht, dass bereits lange vor der Stadtgründung hier die Geschichte einer menschlichen Besiedlung begann. Wann genau, weiß allerdings niemand.

Das Gesicht der heutigen Stadt ist ein mehrfach geliftetes, geschminktes und geschmücktes. Die ältesten Runzeln in den Backsteinmauern der Kirchen mögen 700 Jahre alt sein.

Rostock hatte zweimal in seiner Geschichte großes Glück. Im Mittelalter wurde die Stadt Mitglied der Hanse und dadurch reich – der erste Glücksfall. Die gewaltigen gotischen Kirchen sind der Beweis. Die größte und wichtigste, St. Marien, bis heute Sinnbild hansischen Selbstbewusstseins, wurde ab 1290 nach dem Vorbild der Lübecker Kirche gleichen Namens auf großartige Weise neu erbaut. Der älteste Kern Rostocks befindet sich allerdings östlich auf dem Hügel mit der Petrikirche. Mittelalterlichem Repräsentationsbedürfnis entsprechen auch die Stadttore – vier der einst 20 Tore und Mauertürme sind erhalten. Die alte Stadtmauer selbst weist eine beachtliche Länge von fast zwei Kilometern auf. Deren Bezwingung fällt jedoch heute wegen der vielen Durchgänge und Durchbrüche leicht.

Der zweite Glücksfall: Nach der Katastrophe der Bombennächte im Zweiten Weltkrieg zeigten die Stadtplaner oft großen Weitblick. Sie ließen neue Häuser in der Innenstadt wieder mit dem Maß der alten hansischen Architektur bauen. Der Unterschied zwischen den Jahrhunderten blieb dabei erkennbar. Es passt zusammen, weil der Backstein als Material immer wieder Verwendung fand und die Struktur der Fassaden bildet.

In keiner anderen Stadt Mecklenburg-Vorpommerns ist der Hafen so präsent wie in Rostock. Wegen der geografischen Situation boten sich schon vor 1500 Jahren die besten Bedingungen für Fischerei, Handel und Handwerk. Seit der Mitte des 19. Jahrhunderts mauserte sich die Kommune zur Industriemetropole Mecklenburgs. Hafen und Werften spielten eine wichtige Rolle. Ein paar Schienen und Krananlagen wurden inzwischen als Versatzstücke der DDR-Seewirtschaft saniert, und im Museumshafen schaukeln Veteranen der Seefahrt. Die Hanse Sail, das große Segler-Treffen, lässt mit ihrem Mastenwald jeden Sommer eine Ahnung von vergangenen Jahrhunderten aufkommen.

Für moderne Zeiten steht hingegen der Fähr- und Überseehafen, der für die Wirtschaft von wesentlicher Bedeutung ist.

Eine weitere wichtige Institution, die bis in die Gegenwart die Stadt prägt, hatte der Landesherr bereits 1419 gemeinsam mit den Rostocker Ratsherren geschaffen: die alma mater rostochiensis – die Universität. Etwa 15000 Studierende geben dem Leben in den Straßen ein jugendliches und intelligentes Gesicht. Der Universitätsplatz an der städtischen Flaniermeile ist architektonischer Ausdruck des Mottos »traditio et innovatio« – Altehrwürdiges besteht neben modernem Leben.

Was Piräus für Athen, das sei den Rostockern Warnemünde, wusste vor 150 Jahren der Schriftsteller Fritz Reuter zu erzählen. Doch das Bad an der Ostsee gehört schon seit fast 700 Jahren zu Rostock. Längst sind beide Orte durch sozialistische »Neubaugebiete« auch urban miteinander verbunden. Doch so ein bisschen selbstständig wollen die Warnemünder immer noch sein.

Der Alte Strom mit seinen Fischerbooten und giebelständigen kleinen Häusern, die Mole, der Leuchtturm und der breite Sandstrand sind seit 150 Jahren Anziehungspunkt für zahlreiche Touristen.

INTRODUCTION

When does the history of Rostock start? – And why does it start right here?

1218 is considered the earliest known date of receiving the town charter. Roztoc – the Slavic city name means »river widening«. It points already to the benefits of local conditions: the mouth of the river Warnow joining the Baltic Sea – with the possibility of a passage to Scandinavia. Therefore, it is not surprising that the history of human habitation began here, long before the city was founded. But when exactly, no one really knows.

The face of today's city is a repeatedly lifted, painted and embellished one. The oldest wrinkles in the brick walls of the churches may be 700 years old.

Rostock had great luck in its history twice. In the Middle Ages the city become a member of the Hanseatic League and gained wealth – the first stroke of luck. The enormous Gothic churches are proof. St Mary's Church is the largest and most important one. To this day it stands as a symbol for Hanseatic self-assurance. The brilliant construction started 1290 based on the model of the church of Luebeck, which is bearing the same name. However, the oldest part of Rostock is located on the east, on the Hill of St Peter's Church. The city gates correspond to the medieval need for representation – four of the former 20 gates and wall towers have been preserved. The old city wall itself has a considerable length of nearly two kilometers. But today, its conquest is easy, because of the many passageways and openings.

The second stroke of luck: After the disaster of the nights of bombing during the Second World War, city planners showed great foresight. They had the new houses in the city centre build to the degree of the old Hanseatic architecture. Even though differences between the centuries remained recognizable, it all fits together. Brick was the continually used material. It forms the structure of the façades.

In no other city of Mecklenburg-Western Pomerania is the port as present as in Rostock. Even as early as 1,500 years ago, the geographical situation provided the best conditions for fishing, trade and craft. Since the mid-19th Century the community blossomed into a major industrial city of Mecklenburg. Port and shipyards played an important role. A couple of tracks and cranes have since been redeveloped, as fragments of the GDR maritime affairs. Seafaring veterans rock in the museum harbor. Sailors and sailing-ship fans meet at the »Hanse Sail«. Each summer it raises an inkling of past centuries with its forest of masts. For modern times, however, there is the ferry and sea port, which is essential for the economy.

There is another important institution that has shaped up to the present. The sovereign and Rostock councilmen have jointly created it in 1419: the alma mater rostochiensis – the university. Approximately 15,000 students give life in the streets a youthful and intelligent face. University Square at city's promenade is an architectural expression of the motto »traditional et innovation« – time-honored exists along side with modern life.

What Piraeus for Athens that should be Warnemuende for the locals of Rostock. So knew already 150 years ago the writer Fritz Reuter to tell. But the town on the Baltic Sea has been part of Rostock for almost the last 700 years. And some time ago both places have been linked urban to one another by the socialist-era »Neubaugebiete«. Yet, the residents of Warnemuende still want to keep a bit of their independence. The »Alter Strom« with its fishing boats and small gabled houses, the »Mole«, the lighthouse and the wide sandy beach have been attracting lots of tourist for the past 150 years.

INTRODUCCIÓN

¿Cuándo comienza la historia de Rostock? – ¿Y por qué comienza precisamente aquí?

El 1218 se considera la fecha conocida más temprana de su condición de ciudad. Roztoc – nombre eslavo de la ciudad que significa »ensanchamiento del río« – ya apunta a los beneficios de las condiciones geográficas: la desembocadura del río Warnow en el Mar Báltico - con la posibilidad de paso a los países escandinavos. Aunque no es de extrañar que mucho antes de que la ciudad fuese fundada, aquí ya había empezado su historia con un asentamiento humano. A qué año se remonta este hecho, nadie lo sabe.

El rostro de la ciudad de hoy ha sido recuperado estéticamente, maquillado y decorado en repetidas ocasiones. Las arrugas más antiguas en las paredes de ladrillo de las iglesias tendrán unos 700 años.

A lo largo de su historia, Rostock tuvo mucha suerte en dos ocasiones. En la Edad Media la ciudad llegó a ser miembro de la Liga Hanseática y por ello llegó a enriquecerse en gran medida - el primer golpe de suerte. Las enormes iglesias góticas son la prueba. La mayor y más importante, la St. Marien (Iglesia Santa María), hasta hoy símbolo de la conciencia hanseática, fue construida a partir de 1290 de modo espectacular siguiendo el modelo de la iglesia de Lübeck que lleva el mismo nombre. Sin embargo, la parte más antigua de Rostock se encuentra al este de la ciudad, en la colina en la que despunta la iglesia Petrikirche (iglesia de San Pedro). Iconos de su tradición medieval son también las puertas de la ciudad – se han conservado cuatro de las antiguamente 20 puertas y torres existentes. La antigua muralla se extiende hasta una considerable longitud de casi dos kilómetros. Aunque hoy en día su conquista resulta bien fácil, gracias a sus abundantes entradas y discontinuidades.

El segundo golpe de suerte: Después de la catástrofe de los bombardeos nocturnos en la Segunda Guerra Mundial, los responsables de los nuevos planos de la ciudad mostraron en repetida ocasiones una gran visión de futuro. Hicieron construir nuevos edificios en el centro siguiendo el antiguo estilo arquitectónico hanseático. La diferencia entre los siglos ha permanecido reconocible. Encajan, ya que el ladrillo se ha seguido utilizando como material de construcción y da forma a la estructura de las fachadas.

En ninguna otra ciudad de Mecklenburgo-Pomerania Occidental, el puerto está tan presente como en Rostock. Debido a su situación geográfica, éste aporta desde hace 1.500 años las mejores condiciones para la pesca, el comercio y la artesanía. Desde mediados del siglo XIX Rostock se convirtió en la ciudad industrial de Mecklenburgo. El puerto y los astilleros jugaron un papel esencial. Como testimonio de la economía marítima de la RDA se construyeron algunos raíles y grúas, y en el puerto, que hace también de museo, se tambalean los veteranos de la navegación. La Hanse Sail, el gran encuentro de veleros nos da cada verano, con su bosque de mástiles, una idea de cómo eran los siglos pasados. En cambio el puerto de ferris y de mercancías, que es esencial para la economía, representa los tiempos modernos.

Otra institución destacada que caracteriza la ciudad hasta la actualidad, fue creada ya en 1419 por su gobernante, junto con los concejales: el alma mater rostochiensis – la Universidad. Alrededor de 15.000 estudiantes le dan a la vida de la calle un rostro joven e inteligente. La plaza de la Universidad, en el bulevar de la ciudad, es la manifestación arquitectónica del lema »traditio et innovatio"– lo antiguo convive junto con la vida moderna.

Lo mismo que el Pireo para Atenas, es Warnemünde para los habitantes de Rostock, acertó a describir hace más de 150 años el escritor Fritz Reuter. La población a las orillas del Mar Báltico forma parte de Rostock desde hace casi 700 años. Aunque los habitantes de Warnemünde todavía quieren ser un poco independientes, hace tiempo que ambos lugares están interconectados por los barrios nuevos construidos durante la época socialista. La calle Alte Strom, con sus barcos de pesca y las pequeñas casas con tejados de dos aguas, el muelle, el faro y la amplia playa de arena son, desde hace 150 años, un punto de atracción para muchísimos turistas.

Im Vogelflug über die östliche Altstadt mit ihren Fachwerk- und Speicherhäusern geht der Blick zur Marienkirche und auf die träge fließende Warnow. Durch den Breitling nimmt sie ihren Weg am Stadthafen vorbei in Richtung Ostsee.

Like a flying bird above the eastern end of the old town center with its half-timbered houses and warehouses. With a view to St Mary's Church and to the sluggish flowing river Warnow. It flows through the »Breitling«, passes the city harbor and finally joins the Baltic Sea.

A vista de pájaro sobre la parte oriental del casco antiguo, con sus casas de paredes entramadas y graneros, la mirada nos lleva a la iglesia de Santa María (Marienkirche) y al lento fluir del río Warnow. A través del amplio tramo del río, llamado Breitling, sigue su camino por el puerto de la ciudad en dirección al Mar Báltico.

Seiten 10/11: Eine durch Menschen hervorgerufene Katastrophe vernichtete am 27. April 1942 den hohen Helm der Petri-Kirche. Englische Bomben setzten den um 1500 erbauten Turm in Brand. Seit 1994 strahlt der Wetterhahn wieder über dem neuen Dach.

Pages 10/11: A human disaster caused the destruction of the high helmet of St Peter's Church on April 27, 1942. English bombs set the tower on fire. Originally built in 1500, only since 1994, the weathercock shines on the new roof again.

págs. 10/11: El 27 de abril de 1942 una catástrofe de origen humano causó la destrucción del alto chapitel de la iglesia de San Pedro (Petri-Kirche). Bombas inglesas causaron el incendio de la torre construida en el año 1500. Desde 1994, la veleta vuelve a lucir en el nuevo techo.

Das Denkmal für Joachim Slüter bei der Petri-Kirche: Er starb 1532 und galt als Märtyrer des Protestantismus – sagt die Inschrift neben der 1995 nach einem Entwurf von Ulrich Hammer erneuerten Gedenkstätte.

The monument to Joachim Slüter at St Peter's Church: He died in 1532 and was considered a martyr of Protestantism – so says the inscription next to the memorial. It was renewed in 1995 based on a design by Ulrich Hammer.

El monumento a Joachim Slüter al lado de la iglesia de San Pedro (Petri-Kirche): Murió en 1532 y fue considerado un mártir del protestantismo – según la inscripción al lado del monumento renovado en 1995 siguiendo el diseño de Ulrich Hammer.

Likörfabrik

Die futuristische Stahlkonstruktion, die den Blick auf die Nikolai-Kirche mit ihrem flachen Pyramidendach freigibt, soll an eine frühere Zugbrücke erinnern – man muss schon sehr genau hinsehen.

The futuristic steel structure offers a view of St Nicholas' Church with its flat pyramidal roof. It is a reminiscent of an earlier drawbridge – well, you have to look very closely.

La estructura futurista de acero, la cual nos deja entrever la vista de la iglesia de San Nicolás (Nikolai-Kirche) con su plano techo piramidal, tiene como objetivo recordar un remoto puente levadizo – aunque hay que aguzar la vista.

Der Zweckbau der früheren Firma »Julius Krahnstöver Likörfabrik« am Rande der Rostocker Altstadt zeigt modernisierten Charme. Der Renner vor 100 Jahren war Krahnstövers »Kola-Nuss-Likör«. Das Rezept, basierend auf der afrikanischen Kola-Nuss, ist leider nicht überliefert.

The commercial buildings of the former company »Julius Krahnstöver Likörfabrik« on the fringe of the old town of Rostock show modernized charm. The bestseller 100 years ago was Krahnstöver's »kola-nut liqueur«. Unfortunately, the recipe based on the African kola nut, has not been passed down.

El edificio funcional de la antigua empresa »Fábrica de licores Julius Krahnstöver« que limita con el casco antiguo de Rostock muestra una restauración con encanto. El producto de moda de hace 100 años fue »el licor de nuez de cola« de Krahnstöver. Lamentablemente, la receta -basada en la nuez de cola africana- no ha sido preservada.

Der oktogonale Lagebusch-Turm in der Stadtmauer diente als Wachlokal für Stadtsoldaten, Gefängnis und als Ärgernis für einen Herzog, der ihn kurzerhand abreißen ließ. Doch 1577 stand er bereits wieder für Rabauken und Diebe bereit.

The octagonal »Lagebusch-Turm« in the city wall served as guard room for city soldiers, jail and nuisance for a duke, who tore it down unceremoniously. But it was ready again for thugs and thieves by 1577.

La torre octogonal Lagebusch, situada en la muralla de la ciudad, fue un puesto de guardia de los soldados de la ciudad, una prisión y un gran pesar para un duque, que la mandó demoler sin miramientos. Pero en 1577 ya estaba lista de nuevo para bravucones y ladrones.

Die strenge gotische Optik (Bild oben) täuscht: Hinter den alten Mauern entfaltet sich modernes künstlerisches Leben in der Hochschule für Musik und Theater. Das Stadtarchiv – und das Standesamt – beherbergt das beim Rathaus gelegene Kerkhof-Haus aus dem 15. Jahrhundert (unten).

The austere gothic look (picture above) is deceiving: Behind the old walls, modern artistic life unfolds in the Academy of Music and Drama. The »Kerkhof-Haus« from the 15th Century (below) houses the city archive – and the registry office. It is located near town hall.

El austero aspecto gótico (foto arriba) es engañoso: Detrás de los antiguos muros se desarrolla una moderna vida artística en la Universidad Superior de Música y Teatro (HMT). El archivo municipal – y el registro civil – están ubicados en el edificio contiguo al Ayuntamiento, la casa Kerkhof, originaria del siglo XV (abajo).

Das Gebäude in neogotischer Üppigkeit trägt die Bezeichnung »Ständehaus«. Name und Architektur symbolisieren Beharrung, die etwa 100 Jahre zurückliegt. Die »Stände« waren Rittergutsbesitzer, die mecklenburgischen Großherzöge und die Bürgermeister der großen Städte. Sie tagten hier.

The building in neo-Gothic exuberance is called **»Ständehaus«**. Name and architecture symbolize perseverance, which dates back about 100 years. The »Stände« were lords of the manor, the grand dukes of Mecklenburg and the mayors of large cities. They met here.

El edificio de exuberante estilo neo-gótico lleva el nombre de »Ständehaus«. El nombre y la arquitectura simbolizan perseverancia, que se remonta a unos 100 años de antigüedad. Los »Stände« eran caballeros - terratenientes, los grandes duques de Mecklenburgo y los alcaldes de las grandes ciudades. Ellos se reunían aquí.

Das Steintor hat den Namen von der ältesten Pflasterstraße der Stadt. Die Inschrift mahnt: »Sit intra te concordia et publica felicitas« (In deinen Mauern herrsche Eintracht und öffentliches Wohlergehen.). – Es hat nicht immer geholfen.

The »Steintor« received its name from the oldest paved street of the city. The inscription admonishes: »Sit intra te et concordia publication felicitas« (harmony prevails in your walls and public welfare.). – It has not always helped.

La puerta »Steintor« toma el nombre de la calle pavimentada más antigua de la ciudad. La inscripción advierte: »Sit intra te concordia et publica felicitas « (Dentro de tus muros reina la armonía y el bienestar público). – Esto no ha ayudado siempre.

15 76
SIT INTRA TE CONCORDIA
ET PUBLICA FELICITAS
B
BILLIGER

Das Rathaus. Die gotischen Zinnen über den Spitzbogenblenden mit durchbrochenen Rosetten sind Reste alter Pracht hinter einer barocken Architektenlaune. Als der Vorbau entstand, war die Hanse Vergangenheit – und die neue Fassade sollte nur noch den mecklenburgischen Herzog neidisch machen.

The Town Hall. The Gothic battlements over the pointed arch panels with openwork rosettes are remnants of former glory behind a baroque architectural whimsy. When the porch was built, the Hanseatic League was past – and the new façade would only make the Duke of Mecklenburg jealous.

El Ayuntamiento. Las almenas góticas en los paneles de arco apuntado con rosetones calados son los restos de la antigua gloria detrás de un arquitectónico estado de ánimo barroco. Cuando el pórtico fue construido, la liga Hanseática pertenecía ya al pasado - y la nueva fachada sólo tenía que poner celoso al duque de Mecklenburgo.

Der heutige Mittelpunkt Rostocks entstand später als die östliche Altstadt. Daher hat sich bis in die Gegenwart die Bezeichnung »Neuer Markt« erhalten. Giebelhäuser begrenzen ihn im Westen und leiten zur mächtigen Marienkirche über.

The current center of Rostock has been built later than the eastern old town. Therefore, until the present day the term »Neuer Markt« stayed. Gabled houses border the west and pass on to the imposing St Mary's Church.

El actual punto central de Rostock fue construido con posterioridad al del casco viejo oriental. Por eso se ha conservado hasta la actualidad su nombre: la plaza »Neuer Markt« (Mercado Nuevo). Las casas con frontón de piñón escalonado la delimitan por el oeste y la unen con la imponente iglesia de Santa María (Marienkirche).

Wuchtige Pfeiler tragen nicht nur den Rathausvorbau, sondern auch die Nachkriegsbebauung auf der Südseite des Neuen Marktes. Durch die Arkaden fällt der Blick auf die verspielt wirkenden Häusergiebel des 18. und 19. Jahrhunderts am weitläufigen Platz.

Massive pillars not only support the town hall porch, but also the post-war buildings on the south side of the »Neuer Markt«. Through the arches the eye is caught by the playful gabled houses of the 18th and 19th Century on the spacious square.

Majestuosos pilares no sólo soportan el pórtico del ayuntamiento sino también los edificios de época de posguerra ubicados al lado sur de la plaza »Neuer Markt« (Mercado Nuevo). Desde los arcados la vista alcanza las casas de frontones de piñón escalonado del siglo XVIII y XIX adornadas al estilo hanseático, al otro lado de la espaciosa plaza.

Der moderne Neptun mit seinem Dreizack scheint auf Fischfang in den Marktbuden vor den alten Bürgerhäusern zu gehen. Als einer von drei weiteren Meeresgöttern ist er Bestandteil des im Jahr 2001 errichteten »Möwenbrunnens« von Waldemar Otto.

The modern Neptune with his trident seems to fish in the market stalls in front of the old town houses. As one of three other sea gods, he is part of the »Möwenbrunnen« built in 2001 by Waldemar Otto.

El moderno Neptuno parece ir a pescar con su tridente por los puestos del mercado frente a las antiguas casas de la ciudad. Forma parte, junto con otros tres dioses marítimos, de la obra »Möwenbrunnen« (fuente de las gaviotas), construida en 2001 por Waldemar Otto.

Der erste der auf dem Bild zu sehenden Barockgiebel am Neuen Markt ist originale Bausubstanz, der zweite Renaissancegiebel auch. Die beiden weiteren barock wirkenden Fassaden sind Adaptionen des 20. Jahrhunderts – man muss schon sehr genau hinschauen.

The Baroque pediment on the »Neuer Markt«, first to be seen on the picture, is original fabric, the second renaissance pediment as well. The two other baroque appearing façades are adoptions of the 20th Century – one has to look very closely.

El primer frontón barroco que se puede ver en la foto – plaza »Neuer Markt« (Mercado Nuevo) – conserva la estructura original del edificio, del mismo modo que el segundo frontón, en este caso renacentista. Las dos fachadas contiguas tienen solo apariencia barroca, ya que se trata de adaptaciones del siglo XX- se tiene que aguzar la vista.

Die Giebel der zur Warnow hinunterführenden Wokrenter Straße verleiten zum Aufwärtsblicken. Kontrastreich stehen die schlichten barocken Fassaden neben dem gotischen Giebel des Hausbaumhauses mit seinen hohen Spitzbogenblenden.

The »Wokrenter Straße« leads down to the river Warnow. The gables tempt one to look upwards. The simple baroque façades are in contrast with the Gothic pediment of the »Hausbaumhaus« with its high pointed arch panels.

Los frontones de la calle Wokrenter, que conduce al Warnow, nos atrae la mirada hacia arriba. Con gran contraste se presentan las sencillas fachadas barrocas al lado del frontón gótico de la casa »Hausbaumhaus«, con sus altas ventanas ciegas de arcos apuntados.

Das Ratschow-Haus in der Kröpeliner Straße (heute Stadtbibliothek) entstand im 15. Jahrhundert. Mit dem Wechsel von glasierten und unglasierten Steinen, den Reliefs, Medaillons und dem zinnenbekrönten Treppengiebel ist es Zeugnis norddeutscher Backsteingotik.

The »Ratschow-Haus« in the Kröpeliner Straße (now the city library) originated in the 15th Century. With the change of glazed and unglazed bricks, relieves, medallions, and the battlement-topped stepped gable it is a wonderful example of brick Gothic architecture in northern Germany.

La casa Ratschow en la »Kröpeliner Straße« (actualmente biblioteca municipal) fue construida en el siglo XV. Con la alternancia de ladrillos vidriados y no vidriados, relieves, medallones y su frontón de piñón escalonado coronado por una almeda, es un testimonio de la arquitectura gótica en ladrillo del norte de Alemania.

Das backsteinsichtige »Hochhaus« an der Langen Straße sollte um 1955 vom Sieg des Sozialismus künden, nach dem Motto »Jedem Arbeiter einen Palast« Wohnungen bereithalten und mit der Giebelarchitektur an die Hanse erinnern. – Letzteres ist geglückt.

The brick sighted high-rise in the Lange Straße was supposed to herald the victory of socialism around 1955. Following the lines »Every worker a palace«, it ought to provide apartments and with its pediment architecture remind of the Hanseatic League. – The latter is a success.

El »rascacielos« de ladrillos en la »Lange Straße« debía anunciar hacia el 1955 la victoria del socialismo, ofrecer pisos siguiendo el lema »Cada obrero, un palacio« y recordar, con la arquitectura de frontones, a la Liga Hanseática. Lo último funcionó.

Die Reste der im Zweiten Weltkrieg stark zerstörten, zwischenzeitlich jedoch wieder gesicherten Jakobi-Kirche fielen in der DDR der kirchenfeindlichen Politik der 50er Jahre zum Opfer. Der Platz blieb unbebaut und erinnert heute mit einem 2002/2003 angelegten Park an die doppelte Barbarei.

The remains of the in World War II badly damaged Church of St James, even saved in the interim, fell victim to the anti-clerical policy of the GDR. The square remained undeveloped. Today it honors with an in 2002/2003 landscaped park on the double barbarity.

Los restos de la iglesia Jakobi (Jakobikirche), que en la Segunda Guerra Mundial resultó fuertemente dañada, pero que en esa época todavía se sostenía en pie, fue víctima de la política anticlerical de la RDA en los años 50. La plaza quedó sin construir y recuerda hoy día, con la construcción de un parque en 2002/2003, a la doble barbarie.

Idylle mitten in der Stadt – die Professorenhäuser neben dem Kloster zum Heiligen Kreuz vermitteln sparsame Architekturbeschaulichkeit mit einem Hauch Nostalgie. In einem der Gebäude ist das Kempowski-Archiv untergebracht, das an den berühmten Schriftsteller erinnert.

Idyll in the inner-city – the professors' residences next to the abbey »Kloster zum Heiligen Kreuz«. They are thrifty but tranquil in architecture with a breeze of nostalgia. One of the buildings houses the Kempowski-Archive, a reminiscent of the famous writer.

El idilio en el mismísimo centro de la ciudad: las residencias de los profesores junto al »Kloster zum Heiligen Kreuz« (monasterio de la Santa Cruz), que apuestan por una arquitectura sencilla y a su vez hermosa, con un toque de nostalgia. En uno de los edificios se encuentra el archivo Kempowski, que recuerda al famoso escritor.

Die **Universitätskirche** entstand ursprünglich als Gotteshaus für das Zisterziensernonnenkloster Zum Heiligen Kreuz – daher der kleine Dachreiter, denn die Zisterzienser verzichteten demonstrativ auf üppige Türme.

The **University Church** was originally a place of worship for the Cistercian nuns of the Holy Cross – hence the small roof-rider, because the Cistercians renounced on lavish towers demonstratively.

La **iglesia de la Universidad** (»Universitätskirche«) fue originalmente una casa de Dios para el monasterio de la Santa Cruz (»Kloster zum Heiligen Kreuz«) de las monjas cistercienses. De ahí el pequeño cimborrio, ya que los cistercienses renunciaron en señal de protesta a torres ostentosas.

Ein Gebäude, das am dreischenkligen Universitätsplatz auffallen soll: Der mecklenburgische Herzog ließ seinen Audienzsaal provokativ mitten in der Hansestadt errichten (und provozierte so den bereits beschriebenen Vorbau am Rathaus). Als »Barocksaal« ist er heute ein Ort der Musen.

A building that should attract attention at University Square: The Duke of Mecklenburg had his audience hall provocatively built in the middle of the Hanseatic city (and so provoked the already described porch at town hall). As »Barocksaal«, it is now a home for the arts.

Un edificio que no pasa desapercibido en la plaza triangular de la universidad: la sala »Barocksaal«. El duque de Mecklenburgo hizo construir su sala de audiencias provocativamente en medio de la ciudad hanseática (lo que causó lo ya descrito del pórtico del Ayuntamiento). Hoy día es lugar de encuentro de las musas.

Der »Brunnen der Lebensfreude«: Entstanden ist 1980 durch die Kunst von Reinhard Dietrich und Jo Jastram eine begehbare, belebte und beliebte Einheit aus Licht, Plastik, Raum und Wasser am zentralen Universitätsplatz – eine lebendige Oase der Ruhe, des Lächelns und Verweilens.

The »Fountain of Joy«, originated in 1980 by the artists Reinhard Dietrich and Jo Jastram. A walkable, lively and popular unit of light, sculpture, space and water in the middle of the University Square – a vibrant oasis of calm, smiles and a place to rest.

La fuente »Brunnen der Lebensfreude« (fuente de la alegría de la vida): creada en 1980 por el arte de Reinhard Dietrich y Jo Jastram es una unidad accesible, dinámica y popular de luz, plástico, espacio y agua ubicada en la céntrica plaza de la universidad – un oasis vivo de tranquilidad, de sonrisas, de dejar pasar el tiempo.

Die Universität in Rostock, gegründet 1419, ist eine der ältesten in Nordeuropa. Das Hauptgebäude ist dagegen vergleichsweise jugendlich: Entstanden 1866 bis 1870 im Geschmack der Neorenaissance des Baumeisters Hermann Willebrand, stellt es mit seinem Figurenschmuck ein »Haus der mecklenburgischen Geschichte« dar.

The University of Rostock, founded in 1419, is one of the oldest in Northern Europe. The main building, however, is relatively youthful: built from 1866 to 1870 in the taste of the Renaissance by architect Hermann Willebrand. With its decorative figures it represents a »House of Mecklenburg's History«.

La universidad de Rostock, fundada en 1419, es una de las más antiguas del norte de Europa. El edificio principal, sin embargo, es relativamente joven: construido de 1866 a 1870 siguiendo el gusto del constructor renacentista Hermann Willebrand, que con sus figuras decorativas escenifica una »casa de la historia de Mecklenburgo«.

Gebhard Leberecht Fürst Blücher von Wahlstatt, »Marschall Vorwärts« der Befreiungskriege gegen Napoleon, ist gebürtiger Rostocker. Durch eine Zeitungsente lanciert sah sich die Stadt 1818 gezwungen, ihrem Sohn ein Denkmal zu setzen, an dem Johann Gottfried Schadow, Christian Daniel Rauch und Johann Wolfgang von Goethe mitwirkten.

Gebhard Leberecht Fürst Blücher von Wahlstatt, »Marshal Forward« of the liberation wars against Napoleon, was born in Rostock. Launched by a hoax in 1818 the city felt obliged to set its son a monument. Johann Gottfried Schadow, Christian Daniel Rauch and Johann Wolfgang von Goethe were involved.

Gebhard Leberecht Fürst Blücher von Wahlstatt, llamado »Mariscal«, de las guerras de liberación contra Napoleón, es oriundo de Rostock. Lanzado por un bulo, la ciudad se vio obligada en 1818 a erigir un monumento a su hijo, en el que contribuyeron Johann Gottfried Schadow, Christian Daniel Rauch y Johann Wolfgang von Goethe.

Von »Stiller Nacht« kann keine Rede sein, wenn der jährliche Weihnachtsmarkt auf der Flaniermeile Kröpeliner Straße und auf dem Neuen Markt sein buntes, lautes und geruchsintensives Treiben entfaltet.

There is no »Silent Night«, when the annual Christmas market on the boulevard at Kröpeliner Straße and the New Market unfold a colorful, noisy and fragrant bustle.

»Noche de paz« no tiene cabida entre el colorido y ruidoso movimiento, también caracterizado por sus intensos olores, del Mercado de Navidad que anualmente se celebra en el bulevar de la »Kröpeliner Straße« y la plaza »Neuer Markt«.

»Kaspar Ohm up sin Vosswallach« ist der Titel dieser skurrilen Plastik von Jo Jastram. Der Reiter ist eine literarische Figur von John Brinckman und eine herrliche Satire auf den überheblich-selbstbewussten und »weltbefahrenen« Rostocker Kapitän Ohm.

»Kaspar Ohm on his chestnut gelding« is the title of this whimsical sculpture by Jo Jastram. The rider is a fictional character of John Brinckman and a wonderful satire on the arrogant self-conscious and »world-traveled« captain Ohm of Rostock.

»Kaspar Ohm up sin Vosswallach« es el título de esta extravagante escultura de Jo Jastram. El jinete es un personaje literario de John Brinckman y una sátira maravillosa sobre el capitán Ohm de Rostock, gran conocedor del mundo y conocido por su alto nivel de autoconfianza.

Kunst im Stadtbild – Rostock liebt Brunnen. Die anmutige »Kleine Trinkende« (oben) erfreut die Passanten seit 1922 am Westende des Rosengartens. Der Brunnen von Jo Jastram (unten) in der Langen Straße zeigt klare Figürlichkeit. Das Werk entstand 1962, ein Jahr nach dem Mauerbau.

Art in the city – Rostock loves fountains. The graceful »Small Drinking« (above), has been enjoying passers-by at the west end of the Rose Garden since 1922. The fountain by Jo Jastram (bottom) at Lange Straße shows clear figurativeness. The sculpture was created in 1962, one year after the Wall.

Arte en la ciudad - Rostock ama las fuentes. La encantadora »Kleine Trinkende« (pequeña bebedora) (arriba), alegra a los transeúntes en sus paseos por el extremo occidental del jardín de las rosas desde 1922. La fuente de Jo Jastram (abajo) en la calle »Lange Straße«, obra de figuras claras, data del 1962, un año después del levantamiento del Muro.

Die Lange Straße entstand als opulente Architektur mit Hanseattitüden in den 1950er Jahren. Sie bildet als breite Magistrale die städtebauliche Trennung zwischen Innenstadt und Hafenviertel.

The Lange Straße was built in the 1950s as an opulent architecture with Hanseatic attitudes. It forms a broad thoroughfare, the separation between urban downtown and the waterfront.

La calle »Lange Straße« fue construida con una arquitectura opulenta de rasgos hanseáticos en la década de los 50. Los edificios de esta magistral avenida conforman la separación entre el centro y el barrio portuario.

Liebevoll restaurierte Segler im Museumshafen müssen sich vor der mächtigen und zugleich filigranen Kulisse des Brückenkrans auf der Haedgehalbinsel behaupten.

Lovingly restored sailing ships in the museum harbor have to compete against the powerful and yet delicate backdrop of the overhead crane on the »Haedgehalbinsel«.

Los veleros cariñosamente restaurados en el Museo del Puerto tienen que competir contra el opulento escenario – y a su vez delicado – del puente grúa en la península Haedge.

Hanse Sail

FAIR PLAY

Hanse Sail – das Zauberwort für eine Million Gäste, die ein Spektakel erster Güte erleben wollen. Jedes Jahr versammeln sich viele der schönsten Segler der Welt im August zu einem Treffen, das als seinen Höhepunkt eine gemeinsame Windjammerparade bietet.

Hanse Sail – The magic word for a million guests who want to experience a first-class spectacle. Each year in August many of the most beautiful sailing ships in the world gather for a meeting. The highlight is a joint parade of tall ships.

Hanse Sail – la palabra mágica para un millón de visitantes que quieren experimentar un espectáculo de primera clase. Cada año en agosto se reúnen muchos de los mejores veleros del mundo en un encuentro que ofrece en su punto culminante el desfile conjunto de los grandes veleros.

Seiten 42/43: Abendstimmung in einer Hafenstadt mit leise glucksenden Wellen, im Hintergrund der alte Portalkran, der von gewichtigen Handelsgütern erzählen könnte – das ist die passende Kulisse für einen Veteran der DDR-Handelsmarine: die »Georg Büchner«, heute eine Hotel.

Pages 42/43: Evening mood in a port city with quiet gurgling waves. In the background the old portal crane which could tell of important trade goods – this is the perfect backdrop for a veteran of the GDR merchant navy: »Georg Büchner«, now a hotel.

págs. 42/43: Ambiente nocturno en una ciudad portuaria con suaves olas borboteadas. En el fondo, la antigua grúa que nos podría contar muchas historias de importantes productos comerciales – este es el escenario perfecto para un veterano de la marina mercante de la RDA: el »Georg Büchner«, actualmente un hotel.

Gelassen halten die alten Großsegler ihr »gerefftes Tuch« in den Rahen. Die Leinen schlagen dazu faul im Wind. Die neugierigen Sportboote werden von ihnen abfällig als »Joghurtbecher« bezeichnet.

Tall sailing ships keep their »reefed canvas« calmly in the yards. The lines beat lazily in the wind. Curious sport boats are disparagingly described by them as »yogurt pots«.

Relajados muestran los antiguos veleros su »tela enrollada« en las vergas. La tela golpea perezosamente el viento. A las curiosas embarcaciones deportivas las llaman despectivamente »potes de yogur«.

Die Mannschaft alter Motorboote ist immer an der ölverschmierten Kluft zu erkennen. Das Putztuch für die blanken Messingteile und die Ölkanne für den Motor sind ihre wichtigsten Attribute.

The old motor boat crew is always recognizable by their oil-smeared togs. The cloth for the shiny brass parts and the oil can for the engine are their main attributes.

La tripulación de los viejos barcos de motor es siempre reconocible por la ropa llena de manchas de aceite. El trapo para la limpieza de las piezas de latón y la lata de aceite para el motor son sus principales atributos.

Seiten 48/49: Zu Dutzenden legen sie in Warnemünde an: Kreuzfahrtschiffe, Traumschiffe, Luxusliner, schwimmende Hotels, stählerne Bettenburgen – immer größer, immer komfortabler und immer schneller müssen sie sein. Der Begriff »Nussschale« für einen alten Segler wird hier augenfällig.

Pages 48/49: Dozens of them berth in Warnemuende: cruise ships, dream ships, luxury liners, floating hotels, tourist blocks made from steel – always bigger, always more comfortable and faster, they must be. The term »nutshell« for an old sailing boat is quite obvious.

págs. 48/49: Decenas de ellos llegan a Warnemünde: cruceros, barcos de ensueño, cruceros de lujo, hoteles flotantes, cada vez más grandes, cada vez más cómodos, cada vez más rápidos, así tienen que ser. Con esto resulta evidente el término »cascarón de nuez« para un viejo velero.

MaK
WARNEMÜNDE

F-WARNOW
IVECO
MOTORS
FPT
WARNEMÜNDE

HOTEL NEPTUN

»Yachthafenresidenz Hohe Düne« ist der Name für dieses Hotel der Extraklasse mit Blick auf die Ostsee, den Kreuzfahrtterminal und den Badeort Warnemünde östlich des »Neuen Stroms«.

»Yachthafenresidenz Hohe Düne« is the name of this first class hotel with views of the Baltic Sea, the cruise terminal and the resort of Warnemuende, eastern of the »Neuen Strom«.

El hotel de primera clase »Yachthafenresidenz Hohe Düne« ofrece vistas al Mar Báltico, a la terminal de cruceros, así como al centro de veraneo Warnemünde, al lado este del tramo del río Warnow, llamado »Neuer Strom«.

»Bausünde« von Warnemünde aus dem Jahre 1971 oder »jedes Zimmer mit Meerblick« – dazwischen liegen die Meinungen zum »Hotel Neptun« in exklusiver Strandlage.

»Eyesore« of Warnemuende built in 1971, or »each room with an ocean view« – the opinions of the »Hotel Neptune«, in an exclusive beach front location, are in between.

»Un monstruo« de Warnemünde del año 1971, o »todas las habitaciones con vista al mar« – dos opiniones de entre muchas sobre el »Hotel Neptun«, con una situación exclusiva: directo a la playa.

Das stählerne grün-weiße Leuchtfeuer auf der Mole von Warnemünde kennzeichnet den nördlichsten Punkt des Ortes. Ankunft und Abfahrt der Fähren von und nach Skandinavien sind ein sich täglich mehrfach bietendes Schauspiel.

The green and white steel beacon on the »Mole« of Warnemuende marks the northernmost point of the village. Arrival and departure of ferries to and from Scandinavia are a spectacle several times a day.

El faro de acero verde y blanco en el rompeolas de Warnemünde marca el punto más septentrional de la localidad. La llegada y salida de ferrys desde y hacia los países escandinavos son un espectáculo diario digno de disfrutar.

»Teepott« und Leuchtturm sind die Wahrzeichen von Warnemünde schlechthin. 1967/68 entstand der Bau mit dem sanft geschwungenen Dach. 70 Jahre älter ist dagegen der Leuchtturm mit seinen 135 Granitstufen.

»Teepott« and Lighthouse are the very landmarks of Warnemuende. The building with the gently curved roof originates 1967/68. The lighthouse with its 135 granite steps, however, is 70 years older.

El »Teepott« y el faro son indudablemente las insignias de Warnemünde. En 1967–1968 se construyó el edificio con el techo ligeramente curvado. 70 años más viejo es el faro, con sus 135 escalones de granito.

Seefahrer, Fischer und Handwerker – das sind die ursprünglichen Einwohner von Warnemünde. In einem ihrer typischen kleinen Häuser von 1767 bereitet das Heimatmuseum seit 1932 die Geschichte des Ortes für Besucher auf.

Sailors, fishermen and craftsmen – these are the original inhabitants of Warnemuende. One of their typical small houses of 1767 became the museum of local history. Since 1932, it presents the history of the site to visitors.

Marineros, pescadores y artesanos – estos son los habitantes originales de Warnemünde. Desde 1932 el museo de historia local muestra en una de sus típicas casitas del año 1767 la historia de esta localidad a sus visitantes.

Warnemünde ist ohne Seglerhafen nicht denkbar. Die Marina mit ihren schaukelnden Masten gehört dazu – wie die Ostsee und der Alte Strom.

Warnemuende is not conceivable without Marina. With the swaying masts it belongs here – such as the Baltic Sea and the »Alter Strom«.

Warnemünde no es concebible sin un puerto de veleros. Como no se puede tampoco imaginar sin la Marina – con sus mástiles balanceándose –, el Mar Báltico y el Alter Strom.

Fleckchen der Ruhe in Warnemünde sind rar, aber es gibt sie.

Spots of tranquility are rare in Warnemuende, but they are there.

Pequeñas islas de tranquilidad en Warnemünde son escasas, pero existen.

Der Strand ist vor der Warnemünder Mole am breitesten. Wer das Gewimmel von Badelustigen und Sonnenhungrigen liebt, ist hier in bester Gesellschaft.

The beach in front of the Mole of Warnemuende is the widest. Who loves the swarm of sun-seeking seaside vacationers, is here in good company.

La playa situada delante del rompeolas de Warnemünde es la más amplia. Quien guste de las multitudes de bañistas y de los amantes del sol, aquí estará en la mejor compañía.

Seiten 58/59: Abendstimmung am Alten Strom von Warnemünde – Fahrgastschiffe und Fischkutter liegen fest vertäut am Ufer und warten auf den nächsten Tag mit Fischen, Fischern und Gästen.

Pages 58/59: Evening mood at the »Alter Strom« in Warnemuende – passenger ships and fishing boats are moored on the shore, waiting for the next day with fish, fishermen and guests.

págs. 58/59: Ambiente nocturno en el Alter Strom de Warnemünde – los buques de pasajeros y barcos de pesca están amarrados en la orilla y esperan el día de mañana con peces, pescadores y visitantes.

undfahrt

JASMUND

ZEITTAFEL

6.–7. Jahrhundert: Siedlung des slawischen Stammes der Kessiner an der Warnow
10. Jahrhundert: Beginn deutscher Ostexpansion und Christianisierung durch die Dänen aus dem Norden
1218: Stadtrechtsbestätigung für Rostock
1229: Hauptlandesteilung mit den »Herrschaften« Mecklenburg, Rostock, Parchim-Richenberg, Werle-Güstrow
Ende des 13. Jahrhunderts: Rostock wird Mitglied der Hanse
1419: Gründung der Universität
1520er Jahre: Joachim Slüter in Rostock – Anfänge der Reformation in Mecklenburg
1648: Westfälischer Frieden – die Warnemünder Zolleinnahmen gehen an Schweden
1669: Auflösung der Hanse
1677: Großer Rostocker Stadtbrand
1788: Grundgesetzlicher neuer Erbvertrag zwischen dem Landesherren und Rostock
1851: Bau des ersten eisernen Schraubendampfers Deutschlands auf einer Rostocker Werft
1891–1895: Bau des »Ständehauses« – Ausdruck der Macht von »Ritter- und Landschaft«
1890: Zusammenschluss Rostocker Werften zur Neptunwerft AG
1911: Gründung des Mecklenburgischen Verkehrsverbandes in Rostock zur Entwicklung des Fremdenverkehrs
1922: Gründung der Ernst-Heinkel-Werke in Warnemünde
1932: Konkurs der Neptunwerft AG
1935: Rostock wird Großstadt
1938: Vernichtung der Rostocker Synagoge
1942: Erste Flächenbombardierung – Rostock ist die schwerstzerstörte Stadt Deutschlands
1946: Wiedereröffnung der Rostocker Universität, Neuaufbau der Neptunwerft und Gründung der Warnowwerft in Warnemünde
1949: Vollstreckung von Todesurteilen an Rostocker Studenten
1952: Auflösung des Landes Mecklenburg und Bildung der Bezirke, Rostock wird Bezirksstadt
1956: Gründung der Seestreitkräfte
1957–1960: Bau des Überseehafens
1969: Eröffnung der neu erbauten Kunsthalle
1971: Eröffnung des Hotels »Neptun« in Warnemünde, Sprengung der Christuskirche
1973: Gründung des Kombinates Seeverkehr und Hafenwirtschaft
1978: Fertigstellung der Autobahn Berlin–Rostock
1989: Gründung des Neuen Forums, erste Demonstration im Norden am 19. Oktober
1991: Erste Hanse Sail
1994: Gründung der Hochschule für Musik und Theater
2003: Internationale Gartenschau

CHRONOLOGY

6th – 7th Century: Settlement of the Slavic tribe of Kessin on the river Warnow
10th Century: German eastward expansion and the beginning of the Christianization by the Danes from the north
1218: Town charter validation for Rostock
1229: Major division of the state with the »dominions« Mecklenburg, Rostock, Parchim-Richberg, Werle-Guestrow
End of the 13th Century: Rostock becomes a member of the Hanseatic League
1419: Foundation of the University
1520s: Joachim Slüter in Rostock - beginning of the Reformation in Mecklenburg
1648: Peace of Westphalia – all customs revenue of Warnemuende goes to Sweden
1669: Collapse of the Hanseatic League
1677: Great fire in Rostock
1788: Legal basis for new inheritance contract between the sovereign and Rostock
1851: Construction of the first iron screw steamer of Germany at a shipyard in Rostock
1891 – 1895: Construction of the »Ständehaus« – an expression of the power of »knighthood and sovereigns«
1890: Merger of Rostock shipyards to »Neptunwerft AG«
1911: Founding of the Public Transport Association of Mecklenburg in Rostock to develop tourism

1922: Founding of the Ernst-Heinkel-Werke at Warnemuende
1932: Bankruptcy of the »Neptunwerft AG«
1935: Rostock is a large city
1938: Destruction of the synagogue of Rostock
1942: The first carpet-bombing – Rostock has the most severe destruction of all cities in Germany
1946: Reopening of the University of Rostock, reconstruction of the shipyard »Neptunwerft« and foundation of the shipyard »Warnowwerft« in Warnemuende
1949: execution of death sentences to students in Rostock
1952: Dissolution of the State of Mecklenburg and formation of the districts, Rostock becomes the district capital
1956: Founding of the naval forces
1957 – 1960: Construction of the international port
1969: Opening of the newly built Art Gallery »Kunsthalle«
1971: Opening of the hotel »Neptune« in Warnemuende, blowing-up of Christ's Church
1973: Founding of the combine maritime traffic and port operations
1978: Completion of the highway Berlin – Rostock
1989: 1989: Founding of the New Forum, first demonstration in the north on October 19
1991: First Hanse Sail
1994: Foundation of the Academy of Music and Drama
2003: International Garden Festival

CRONOLOGÍA

Siglos VI – VII: Asentamiento de la tribu eslava de Kessin al lado del río Warnow
Siglo X: Comienzo de la expansión alemana hacia el este y cristianización desde el norte por los daneses
1218: Confirmación del título de ciudad para Rostock
1229: División principal del país en los dominios Mecklenburgo, Rostock, Parchim-Richberg, Werle-Güstrow
Finales siglo XII: Rostock entra a formar parte de la Liga Hanseática
1419: Fundación de la Universidad
1520 – 1529: Joachim Slüter en Rostock – inicios del Reformismo en Mecklenburgo
1648: Paz de Westfalia – la renta aduanera de Warnemünde es recaudada para Suecia
1669: Disolución de la Liga Hanseática
1677: Gran incendio de Rostock
1788: Constitucion del nuevo contrato hereditario entre los gobernantes y Rostock
1851: Construcción del primer barco de vapor con hélice de Alemania en un astillero de Rostock
1891 – 95: Construcción de la casa »Ständehaus« – una muestra de poder de »caballeros y grandes terrenos«
1890: Fusión de los astilleros de Rostock en el astillero Neptunwerft AG
1911: Fundación de la Asociación de Transporte de Mecklenburgo en Rostock para el desarrollo del turismo
1922: Fundación de la fábrica Ernst-Heinkel-Werke en Warnemünde
1932: Quiebra del astillero Neptunwerft AG
1935: La ciudad de Rostock pasa a ser una metrópolis
1938: Destrucción de la sinagoga de Rostock
1942: Primer bombardeo de saturación – Rostock es la ciudad más dañada de Alemania
1946: Reapertura de la Universidad de Rostock, reconstrucción del astillero Neptunwerft y fundación del astillero Warnowerft en Warnemünde
1949: Ejecución de sentencias de muerte a estudiantes de Rostock
1952: Disolución del estado federal de Mecklenburgo y creación de los departamentos; Rostock pasa a ser capital de uno de ellos
1956: Fundación de la marina de guerra
1957–1960: Construcción del puerto de transatlánticos (Überseehafen)
1969: Inauguración de la nueva Galería de Arte (Kunsthalle)
1971: Inauguración del Hotel Neptun en Warnemünde, demolición de la iglesia Christuskirche
1973: Fundación del »Kombinat Seeverkehr und Hafenwirtschaft«, institución creada para la administración portuaria
1978: Finalización de la autopista Berlín-Rostock
1989: Fundación del »Neue Forum«, cuya primera demostración en el norte tuvo lugar el 19 de octubre
1991: Primera Hanse Sail
1994: Fundación de la Universidad Superior de Música y Teatro (HMT)
2003: Exposición Internacional de Jardinería (IGA)

Liniennetz Tarifzonen

Bereich Rostock

gültig ab 15.08.2011

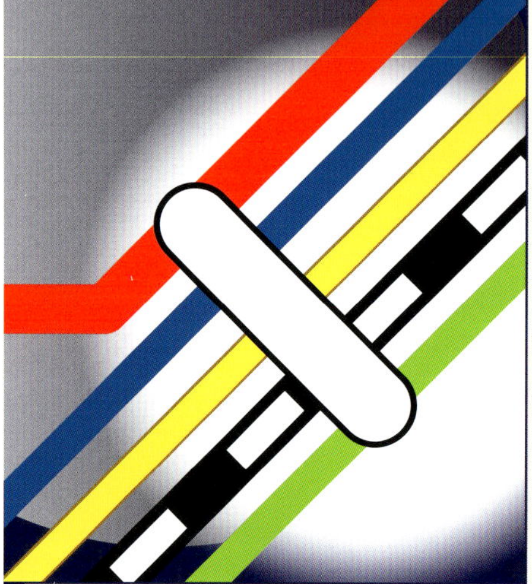

Verkehrsverbund Warnow GmbH

Legende

- Straßenbahn
- Stadtbus
- Anruf-Linien-Taxi/Rufbus – Fahrten erfolgen nur nach vorheriger Anmeldung, bitte Fahrplan beachten
- Nachtlinien F1 u. F2
- Regionalbus
- Regionalbus, nur Anerkennung von VVW-Zeitkarten 202, 304
- Fähre
- S-Bahn/Zug
- Haltestelle
- Haltestelle nur in Pfeilrichtung
- Endhaltestelle (Hafenallee 1 14 F2)
- Park-and-Ride
- Kundenzentrum

Tarifzonen

- Tarifzonengrenze Bereich Rostock Gültigkeit CityTicket
- 1–6 Tarifzonen Bereich Rostock
- 7–9 Tarifzonen Bereich Region
- SÜD-STADT Stadtteilnamen

Änderungen vorbehalten

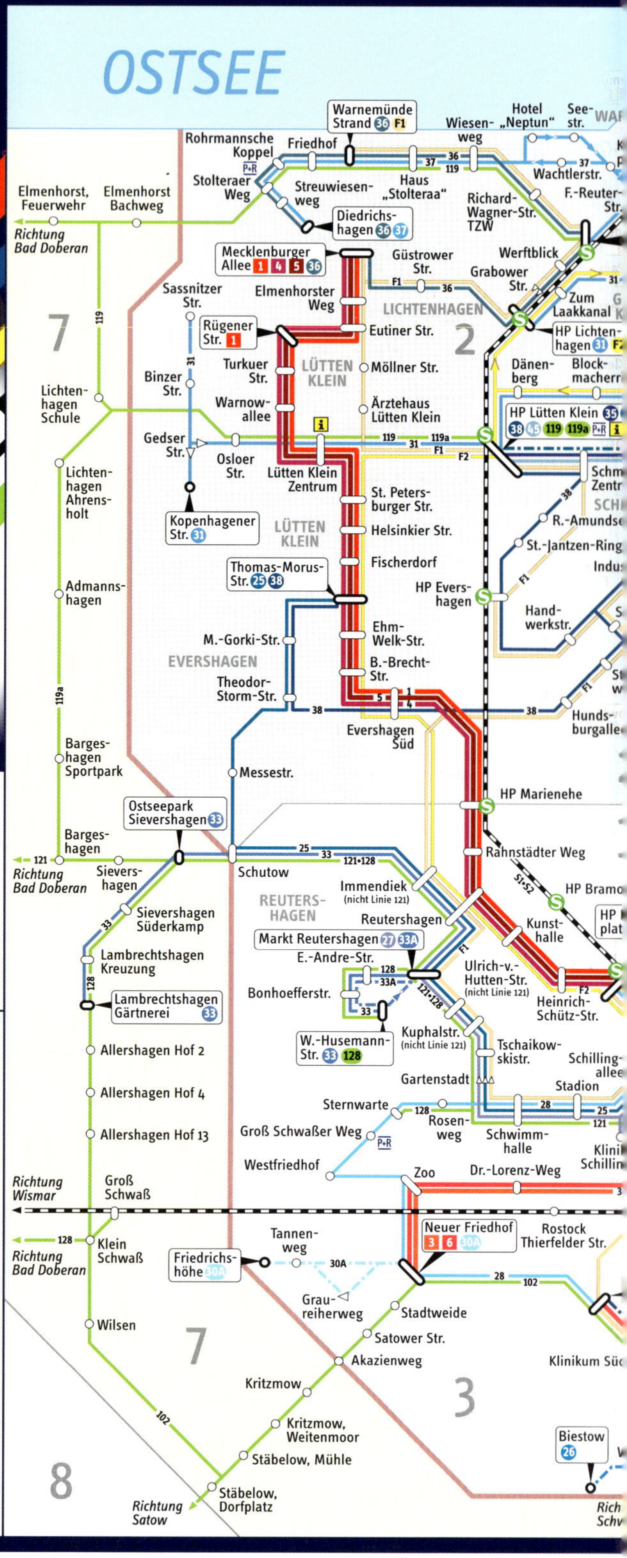

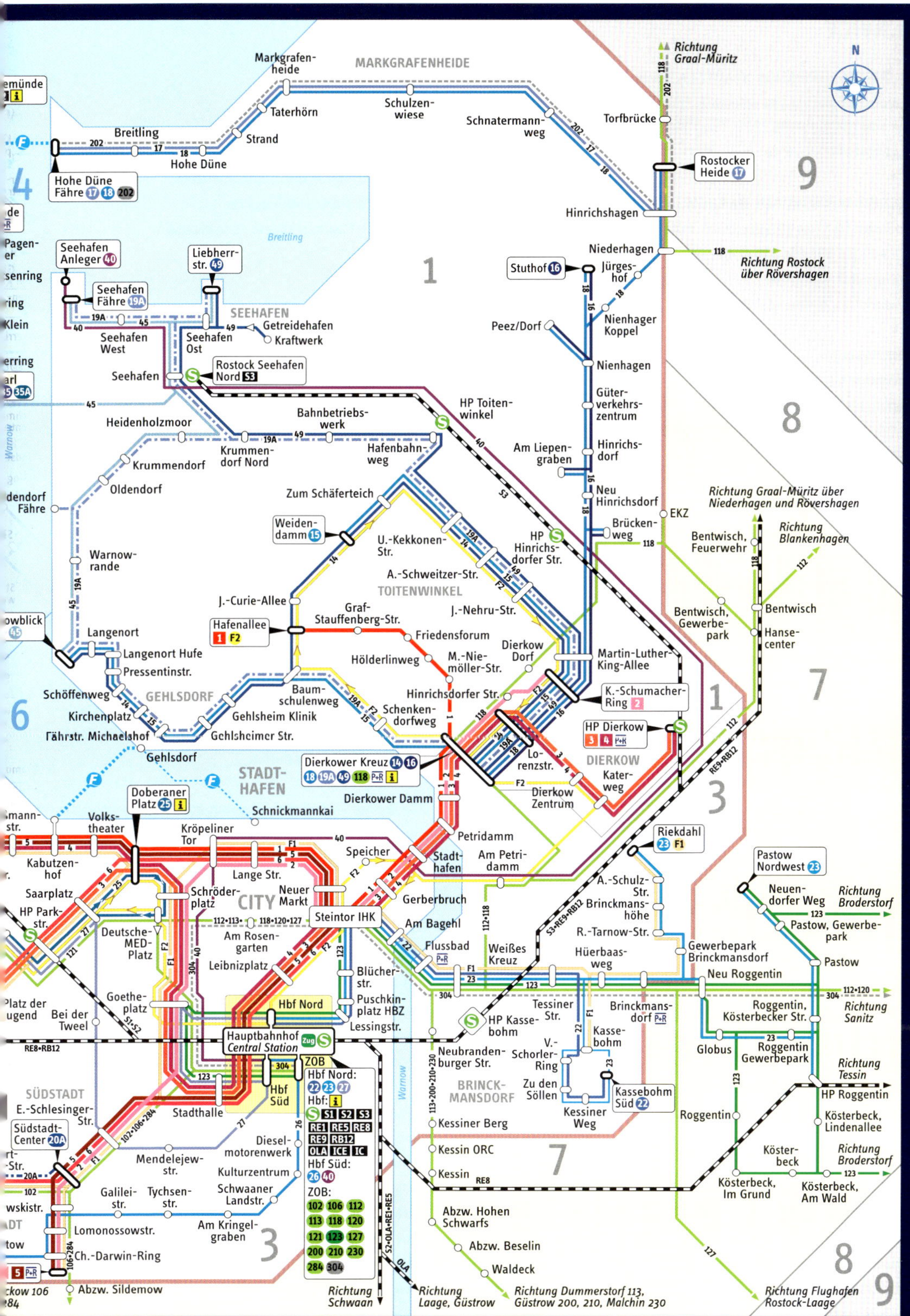
MARKGRAFENHEIDE
Markgrafen-heide
Schulzen-wiese
Schnatermann-weg
Taterhörn
Strand
Breitling
Hohe Düne
Hohe Düne Fähre 17 18 202
Richtung Graal-Müritz
Torfbrücke
Rostocker Heide 17
Hinrichshagen
Niederhagen
Richtung Rostock über Rövershagen
Jürges-hof
Stuthof 16
Nienhager Koppel
Peez/Dorf
Nienhagen
Güter-verkehrs-zentrum
Hinrichs-dorf
Am Liepen-graben
Neu Hinrichsdorf
EKZ
Brücken-weg
Richtung Graal-Müritz über Niederhagen und Rövershagen
Richtung Blankenhagen
Bentwisch, Feuerwehr
Bentwisch
Bentwisch, Gewerbe-park
Hanse-center
Breitling
Seehafen Anleger 40
Seehafen Fähre 19A
Liebherr-str. 49
SEEHAFEN
Getreidehafen
Kraftwerk
Seehafen West
Seehafen Ost
Seehafen
Rostock Seehafen Nord S3
HP Toiten-winkel
Bahnbetriebs-werk
Heidenholzmoor
Krummendorf
Krummen-dorf Nord
Hafenbahn-weg
Oldendorf
Zum Schäferteich
Weiden-damm 15
U.-Kekkonen-Str.
HP Hinrichs-dorfer Str.
A.-Schweitzer-Str.
TOITENWINKEL
Warnow-rande
J.-Curie-Allee
Graf-Stauffenberg-Str.
J.-Nehru-Str.
Hafenallee 1 F2
Friedensforum
Dierkow Dorf
Martin-Luther-King-Allee
Langenort
Langenort Hufe
Pressentinstr.
Hölderlinweg
M.-Nie-möller-Str.
Hinrichsdorfer Str.
K.-Schumacher-Ring 2
Schöffenweg
GEHLSDORF
Baum-schulenweg
Schenken-dorfweg
HP Dierkow 3 4 P+R
Kirchenplatz
Gehlsheim Klinik
Fährstr. Michaelshof
Gehlsheimer Str.
Lo-renzstr.
DIERKOW
Gehlsdorf
STADT-HAFEN
Dierkower Kreuz 14 16 18 19A 49 118 P+R
Kater-weg
Dierkow Zentrum
Dierkower Damm
Schnickmannkai
Doberaner Platz 25
Volks-theater
Kröpeliner Tor
Petridamm
Riekdahl 23 F1
Pastow Nordwest 23
Kabutzen-hof
Speicher
Stadt-hafen
Am Petri-damm
A.-Schulz-Str.
Neuen-dorfer Weg
Richtung Broderstorf
Saarplatz
Lange Str.
Schröder-platz
CITY
Neuer Markt
Gerberbruch
Brinckmans-höhe
Pastow, Gewerbe-park
HP Park-str.
Steintor IHK
Am Bagehl
R.-Tarnow-Str.
Deutsche-MED-Platz
Am Rosen-garten
Flussbad P+R
Weißes Kreuz
Hüerbaas-weg
Gewerbepark Brinckmansdorf
Pastow
Leibnizplatz
Blücher-str.
Neu Roggentin
Goethe-platz
Hbf Nord
Puschkin-platz HBZ
Tessiner Str.
Brinckmans-dorf P+R
Roggentin, Kösterbecker Str.
Richtung Sanitz
Platz der Jugend
Bei der Tweel
Lessingstr.
HP Kasse-bohm
Kasse-bohm
Globus
Roggentin Gewerbepark
Hauptbahnhof Central Station
ZOB
Neubranden-burger Str.
Schorler-Ring
Richtung Tessin
SÜDSTADT
Hbf Süd
Hbf Nord: 22 23 27
Hbf: S1 S2 S3 RE1 RE5 RE8 RE9 RB12 OLA ICE IC
Hbf Süd: 26 40
ZOB: 102 106 112 113 118 120 121 123 127 200 210 230 284 304
BRINCK-MANSDORF
Zu den Söllen
Kassebohm Süd 22
HP Roggentin
E.-Schlesinger-Str.
Stadthalle
Kessiner Weg
Roggentin
Kösterbeck, Lindenallee
Südstadt-Center 20A
Diesel-motorenwerk
Kessiner Berg
Mendelejew-str.
Kessin ORC
Köster-beck
Richtung Broderstorf
Kulturzentrum
Kessin
Kösterbeck, Im Grund
Kösterbeck, Am Wald
Galilei-str.
Tychsen-str.
Schwaaner Landstr.
Abzw. Hohen Schwarfs
Lomonossowstr.
Am Kringel-graben
Abzw. Beselin
Ch.-Darwin-Ring
Waldeck
Abzw. Sildemow
Richtung Schwaan
Richtung Laage, Güstrow
Richtung Dummerstorf 113, Güstrow 200, 210, Malchin 230
Richtung Flughafen Rostock-Laage
Warnow
1 3 4 6 7 8 9

SEEBAD WARNEMÜNDE
WARNEMÜNDE
Markgrafenheide
Hohe Düne
Diedrichshagen
Breitling
Lichtenhagen
Überseehafen
Groß-Klein
Peez
Lütten-Klein
Neu-Hinrichsdorf
Krummendorf
Schmarl
Evershagen
Marienehe
Toitenwinkel
Unterwarnow
Schutow
Gehlsdorf
Bramow
Dierkow
Reutershagen
Innenstadt
Groß Schwaß
ROSTOCK
Zoo
Südstadt
Warnow
0 1 2 3 4 5 km
N
Westmole
Warnemünder Teepott
Alter Leuchtturm
Seepromenade
Seestraße
Luisenstraße
Alexandrinenstraße
Herrmannstraße
Kurhaus
Anastasiastraße
Katergang
Friedrich-Franz-Straße
Heinrich-Heine-Straße
Kurhausgarten
Schulstraße
Schillerstraße
Kurhausstraße
KURPARK
Stephan-Jantzen-Park
Arankapark
Wachtlerstraße
Mittelweg
Zur Promenade
Mühlenstraße
Kirchenplatz
Parkstraße
Poststraße
Fritz-Reuter-Straße
Laakstraße
Dänische Straße
Gartenstraße
John-Brinkmann-Straße
Wiesenweg
Richard-Wagner-Straße
N
0 50 100 200 250 m